Inhalt

Schwarze Schafe - Negativmarketing bedroht auch den Ruf von seriösen Unternehmen

Kernthesen

Beitrag

Fallbeispiele

Weiterführende Literatur

Impressum

GENIOS WirtschaftsWissen Nr. 12 vom 12.12.2012

Schwarze Schafe - Negativmarketing bedroht auch den Ruf von seriösen Unternehmen

Harald Reil

Kernthesen

- Die Verbraucherschutzorganisation Stiftung Warentest hat vor kurzem einigen Lebens- und Waschmittelherstellern Täuschungsmanöver nachgewiesen.
- Die Manipulationsversuche werfen ein schlechtes Licht auf die beiden Branchen insgesamt, obwohl eine Pauschalverurteilung ganz sicherlich ungerecht wäre.

- Auch andere Branchen spielen mit unklaren Angaben. Von 58 getesteten geschlossenen Immobilienfonds erfüllten 36 nicht einmal grundlegende Qualitätskriterien.
- Glaubwürdigkeit ist im Marketing ein hohes Gut - vor allem auch deshalb, da in Zeiten von Social Media Unternehmen bei der Entlarvung von Werbelügen nur noch einen Klick vom Shitstorm entfernt sind.

Beitrag

Dreiste Strippenzieher flogen auf

Ganz schön riskant, was sich einige Hersteller von Lebens- und Waschmitteln geleistet haben: Als sie Wind davon bekamen, dass Stiftung Warentest auch ihre Produkte auf Herz und Nieren untersuchen wollte, veränderten sie kurzerhand die Zusammensetzung der Inhaltsstoffe. Ihre Hoffnung: Die neuen Ingredienzien würden zu einem besseren Abschneiden führen und die Verbraucher von der Qualität ihrer Waren überzeugen. Da das Wort von Stiftung Warentest Gewicht hat, hätte eine gute oder gar eine sehr gute Bewertung voraussichtlich längerfristig die Verkäufe angekurbelt. Allerdings flog der Schwindel auf, und die dreisten Strippenzieher sind jetzt die Gelackmeierten. Was bleibt, ist eine Marketingbotschaft, die negativ ausstrahlt. (1)

Schaler Nachgeschmack

Natürlich wäre es bloßer Populismus, nur aufgrund einiger schwarzer Schafe zwei Branchen an den Pranger zu stellen, deren Vertreter in den allermeisten Fällen sicherlich mit ungezinkten Karten spielen. Und dennoch: Die Manipulationsversuche stoßen sauer auf und lassen bei Verbrauchern einen schalen Nachgeschmack zurück, da sie sich nicht sicher sein können, welches Unternehmen - um es euphemistisch auszudrücken - schummelt und welches nicht. Das lässt die betroffenen Branchen insgesamt in einem schlechten Licht dastehen. Außerdem trägt die Erklärung der Vertreter von Stiftung Warentest, dass Täuschungsmanöver keineswegs selten seien, nicht gerade dazu bei, die erregten Gemüter zu beruhigen. (1)

Spiel mit unklaren Angaben

Die Diskussionen um manipulierte Inhaltsstoffe haben einen weiteren Aspekt ins Rampenlicht gerückt, der für Marketingstrategen alles andere als schmeichelhaft ist. Gemeint ist das Spiel der

Unternehmen mit unklaren oder gar unverständlichen Angaben. Für die Lebensmittelbranche fordert Foodwatch daher schon seit Jahren, dass Firmen weniger werben, dafür aber mehr informieren sollen, um die Zusammensetzung ihrer Produkte transparenter zu machen. Von dem Vorwurf sind auch Ökohersteller nicht vollständig ausgenommen, da sie laut der Verbraucherorganisation den Marktgesetzen ebenfalls Tribut zollen müssen. Aufgrund der Unnachgiebigkeit der Branche drängt nicht nur Foodwatch den Gesetzgeber zu handeln und dem Wildwuchs unverständlicher Angaben und unwahrer Marketingversprechen ein Ende zu bereiten. Generell ist das Thema Etikettenschwindel in den letzten Jahren immer stärker ins Rampenlicht gerückt. Für Unternehmen wird es daher immer schwieriger, Kritik in diesem Zusammenhang zu ignorieren. (2), (5), (7), (10)

15-Punkte-Plan gegen Täuschungsmanöver

Foodwatch bemängelt, dass weit über sechzig Prozent der Unternehmen, bei denen Produktmängel festgestellt wurden, auf öffentliche Kritik keine oder kaum eine Reaktion zeigen. Die Organisation fordert daher ein Eingreifen des Gesetzgebers zum Wohle des

Verbrauchers. Foodwatch selbst hat einen Plan mit 15 Punkten veröffentlicht, deren strikte Befolgung nach Meinung der Verantwortlichen Täuschungsabsichten unterbinden könnte. Wesentliche Punkte des Plans sind zum Beispiel für jedermann verständliche Angaben zu Inhaltsstoffen, das Verbot von Gesundheitsversprechen, die sich nicht halten lassen, und die Untersagung der Bewerbung von Lebensmitteln für Kinder, deren Zusammensetzung einer ausgewogenen Ernährung zuwiderläuft. (5), (7)

Mehr Transparenz durch Mitmachnetz

Vielleicht ist ja nicht einmal der Gesetzgeber notwendig, um für klarere Verhältnisse zu sorgen. Denn in den Zeiten des Mitmachnetzes ist mehr Transparenz sozusagen ein Gebot der Stunde, da die Internetgemeinde keine Lügenmärchen verzeiht. Unternehmen, die sich eines Vergehens schuldig machen, droht ein Shitstorm von gewaltigen Ausmaßen. Sie sollten daher schon aus Eigeninteresse auf halbseidene Wahrheiten in ihren Marketingversprechen verzichten und stattdessen mehr Fakten präsentieren. Glaubwürdigkeit ist im Marketing ein hohes Gut. Mit ehrlichen Marketingaussagen ergeben sich besonders im Hinblick auf die sozialen Kanäle auch neue Chancen.

(1)

Trends

Ob Marketingverantwortliche noch lange gesetzliche Grauzonen ausnutzen können, um dem Verbraucher Versprechungen zu machen, die, wenn vielleicht auch nicht gelogen, so doch oft nur halbwahr sind, ist zumindest fraglich. Vielleicht ist ja die Lebensmittelindustrie eine Vorreiterin, wenn es um mehr Marketingtransparenz geht. Die Verbraucherschutzministerin hat am 27. und 28. November dieses Jahres zu einer Konferenz zum Thema "Täuschungsschutz bei Lebensmitteln" eingeladen. Ilse Aigner forderte auf der Tagung von der Branche mehr "Klarheit und Wahrheit" im Sinne der Konsumenten. Beides ist auch dringend nötig, haben Verbraucher über das Internetportal lebensmittelklarheit.de doch in den letzten Jahren rund 6 500 Beschwerden über Lebensmittel geäußert, die ihrer Meinung nach von den Herstellern nicht korrekt ausgewiesen wurden. Auf der Foodwatch-Seite abgespeist.de sind sogar 270 000 Unmutsäußerungen eingegangen. Wenn diese Unzufriedenheit nicht nachlässt, wird der Gesetzgeber früher oder später handeln müssen. Am Ende wird auch die Lebensmittelindustrie davon profitieren, da mehr Wahrheit und Klarheit auch mehr Vertrauen schaffen. In anderen Branchen ist die Situation ähnlich. (5), (11)

Fallbeispiele

Thumbs Down: Geschlossene Immobilienfonds sind keine gute Geldanlage

Eine Branche, die ebenfalls von dem Vorwurf unklarer Angaben betroffen ist, sind die Finanzdienstleister. Ein Test hat zutage gefördert, dass von den gegenwärtig 58 angebotenen geschlossenen Immobilienfonds 36 nicht einmal grundlegende Qualitätskriterien erfüllen und daher eindeutig keine gute Geldanlage für Verbraucher sind. Diese Immobilienfonds wurden von der Verbraucherorganisation Stiftung Warentest, die die Untersuchung verantwortet hat, erst gar nicht in die Bewertung aufgenommen. Von den restlichen 22 erhielten lediglich acht eine durchschnittliche Note - der Rest schnitt mit den Noten vier oder fünf ab. Diese Ergebnisse sind umso bedenklicher, als der Branchenverband VGF den Fonds in der Mehrheit ein gutes Zeugnis ausstellt und damit für ihre Qualität wirbt. (3)

Hipp erhält Rüffel

Hipp, der bundesweit bekannte Hersteller von Babynahrung, hat vor kurzem einen Rüffel erhalten, der ihn noch einige Zeit schmerzen dürfte. Weit über 40 000 Verbraucher verliehen dem Unternehmen vor kurzem den "Goldenen Windbeutel" für die dreisteste Werbelüge des Jahres. Der Negativauszeichnung vorausgegangen war eine Veröffentlichung von Foodwatch. Die Organisation hatte der Firma nachgewiesen, dass ein bestimmter Tee viel zu süß und damit alles andere als ideal für die Kinderernährung sei. Mittlerweile hat Hipp den Tee vom Markt genommen und eine neue, zuckerfreie Variante für nächstes Jahr angekündigt. (5), (6)

Biogrieche glänzt mit ausgezeichneten Olivenölen

Dass es auch anders geht, zeigt das Beispiel des griechischen Unternehmers Aris Kefalogiannis, der mit Lebensmitteln aus seiner Heimat höchsten Qualitätsansprüchen genügt und dafür auch regelmäßig ausgezeichnet wird. Kefalogiannis, der seine Firma Gaea Products S.A. im Jahr 1995 gründete, produziert nicht nur hervorragende Olivenöle und andere Biowaren ohne Zusatzstoffe,

sondern engagiert sich auch für den Umweltschutz.
Ein Beispiel: Der Grieche war der erste Unternehmer
der Welt, der seine Olivenöle kohlendioxidneutral
herstellte. Dass beste Qualität dem Erfolg nicht im
Wege steht, zeigt Kefalogiannis ebenfalls: Der Grieche
vertreibt seine Produkte mittlerweile rund um den
Globus. (8)

Gerichtsverfahren gegen Zurrgurthersteller

Ein Hersteller von Gurten, mit deren Hilfe sich
Ladungen festzurren lassen, musste sich vor kurzem
vor dem Landgericht Münster verantworten, da er die
Vorspannkräfte zweier seiner Produkte falsch
beworben hatte. Da diese Fehlinformationen
potenziell zu gefährlichen Situationen im
Straßenverkehr führen können, sprachen die Richter
folgendes Urteil aus: Der Gurtanbieter muss seine
falschen Angaben in Zukunft unterlassen. Hält er
sich nicht daran, droht ihm eine Strafe in Höhe von
einer Viertelmillion Euro oder dem Geschäftsführer
des Unternehmens eine Ordnungshaft von einer
Länge bis zu einem halben Jahr. (4)

"Rauchen tötet durchschnittlich 1

200 Amerikaner. Tag für Tag."

In den USA werden Tabakkonzerne immer weiter in die Ecke gedrängt. Eine Richterin des US-Bundesgerichts hat sie vor kurzem zu einer Anzeigenkampagne der besonderen Art verdonnert. Das Pikante daran: Die Rauchwarenindustrie soll in Zeitungsanzeigen offenlegen, dass sie die Bevölkerung jahrzehntelang hinters Licht geführt hat. Die "Bekenntnisse", die die Gefahren des Tabakkonsums thematisieren, sind im Wortlaut vorgeschrieben. Ein Text lautet zum Beispiel: "Rauchen tötet durchschnittlich 1 200 Amerikaner. Tag für Tag." Die betroffenen Konzerne werden zwar ganz sicherlich Berufung gegen dieses Urteil einlegen, ob sie damit Erfolg haben, ist allerdings fraglich. (9)

Weiterführende Literatur

(1) Dreiste Tricksereien bei Warentests
aus Handelsblatt online vom 19.11.2012

(2) Foodwatch fordert Gesetze gegen Lebensmitteltäuschung Verbraucherschützer kritisieren lasche Haltung der Regierung
aus Financial Times Deutschland vom 26.11.2012, Seite 5

(3) Bei Finanztest fallen viele Angebote durch

aus Immobilien Zeitung Nr. 47 vom 22.11.2012 Seite 6

(4) Korrektes Kräftemessen
aus DVZ, Nr. 126 vom 06.11.2012

(5) foodwatch-Bilanz: Nur gut ein Drittel der Unternehmen ändert nach öffentlicher Kritik Produkte oder Werbung - Bundesministerin Aigner muss gesetzlich gegen Verbrauchertäuschung vorgehen
aus news aktuell, 2012-11-25

(6) Hipp tauscht süße Kindertees aus
aus Lebensmittel Zeitung 46 vom 16.11.2012 Seite 016

(7) Lebensmittelhersteller reagieren kaum auf Kritik an Produkten
aus Berliner Morgenpost, 26.11.2012, Nr. 324, S. 7

(8) Mit höchsten Ansprüchen erfolgreich
aus Lebensmittel Zeitung 46 vom 16.11.2012 Seite 054

(9) Richterin zwingt Tabakfirmen zu Lügenbeichte
aus Spiegel Online, 28.11.2012

(10) "Die Unternehmen entwickeln Produkte, die niemand braucht"
aus "medianet" Nr. 1592/2012 vom 13.11.2012 Seite: 2

(11) foodwatch zur Aigner-Initiative "Klarheit und Wahrheit" / Fachtagung "Täuschungsschutz bei Lebensmitteln"
aus news aktuell, 2012-11-27

Impressum

Schwarze Schafe - Negativmarketing bedroht auch den Ruf von seriösen Unternehmen

Bibliografische Information der deutschen Nationalbibliothek

Die Deutsche Nationalbibliothek verzeichnet diese Publikation in der deutschen Nationalbibliografie; detaillierte bibliografische Daten sind im Internet über http://dnb.d-nb.de abrufbar.

ISBN: 978-3-7379-0804-7

© 2015 GBI-Genios Deutsche Wirtschaftsdatenbank GmbH, Freischützstraße 96, 81927 München, www.genios.de

Alle Rechte vorbehalten. Dieses Werk ist einschließlich aller seiner Teile – z.B. Texte, Tabellen und Grafiken - urheberrechtlich geschützt. Jede Verwertung außerhalb der Grenzen des Urheberrechtsgesetzes bedarf der vorherigen Zustimmung des Verlags. Dies gilt insbesondere auch für auszugsweise Nachdrucke, fotomechanische Vervielfältigungen (Fotokopie/Mikroskopie), Übersetzungen, Auswertungen durch Datenbanken oder ähnliche Einrichtungen und die Einspeicherung und Verarbeitung in elektronischen Systemen.